Ludwig Weibel
In der Ferne traute Näh
In der Liebe lichtem Bangen

Books on Demand

Bibliographische Information der Deutschen Nationalbibliothek
Die Deutsche Nationalbibliothek verzeichnet diese
Publikation in der deutschen Nationalbibliographie,
detaillierte bibliographische Daten sind im Internet über
http://dnb.dnb.de abrufbar.

© 2015 Autor: Ludwig Weibel
Herstellung und Verlag:
BoD – Books on Demand, Norderstedt
ISBN 9783739241302

Ludwig Weibel

In der Ferne traute Näh

Inhalt

Wo sich Gedankenwege kreuzen

1.1

Beglückendes
Vertrautsein mit
den Lebensdingen

Das Seinsgefühl
flaniert durch
nie verblühende Gefilde

Wunder über Wunder
öffnen sich dem
Augenstrahl

1.2

Die Sonne
saugt den Tau aus
aberhundert Kelchen

Du
bewunderst
die Natur

in ihrem Drang
ins Kraut
zu schiessen

1.3

Selig bist du
in der Liebe
lichtem Bangen

In der Ferne
traute
Näh

wo sich
die Gedankenwege
kreuzen

1.4

Die Kraft zur Freiheit
kann nur
aus dir selber spriessen

Sowie du willst
führt dich der Wille
zum Erfolg

Der Engelsflügel Spitzen
streifen dich
dir Tipps zu geben

1.5

Dem trauten Paar
ein liebes
Ostwindgrüsschen

Dem Kindchen
eine
süsse Melodie

von
zarten
Frühlingsträumen

1.6
Leise senkt sich
Dämmerlicht
hernieder

Reiche Abendzeiten
gleiten
durch die Nächte

ins
beseligende Farbenspiel
der Morgenröte

1.7
Im Niemandsland
zwischen zwei Zehen hat sich
eine Zecke angesiedelt

ein Tornado versucht
sie zu
verscheuchen

doch ihr Bettchen
bleibt das
Niemandsland zwischen zwei Zehen

1.8
Leise rieselt
Sonnkraft
durch die Sphären

In ihrem Wesensgrund
Geborgene
sind wir

zwei Selige
im
Herzvereinen

1.9

In liebevoller Weise
führt uns das Schicksal
durch das Leben hin

Wir selber
führen uns im
Herzerglühen

zu den Gärten
wo die zarten
Rosenköpfchen blühn

1.10

Du Schwärmerische
mit den
staubbedeckten Flügeln

Gleich der kühlen Brise
streif ich dir
den Kummer weg

und wärme deiner
Seele Sinn mit
sanftem Herzbewegen

1.11

Grosse
Dankbarkeit im
Wesensgrund

für
dass wir
im Begegnen

Liebeskraft
und Herzensgüte
spüren

1.12
Der Weltenplan
ist Liebe
in der Tat

Verströmendes
Gerechtsein
führt die Seele

in die Einigkeit
mit jeden Wesens
Gottestiefe

1.13
Leis
erschütterndes Gebet
zu deiner Seele

Wunderbares
streift
dich

von den
liebevollen
Zärtlichkeiten

1.14
Basilikum
und Balik
eine Gaumenpoesie

Im Salatblatt
liegt die Würze
des versierten Schlemmers

Ein Trommelbäuchlein
für den Wirt
zum gold'nen Anker

1.15
Schalmei der
ewigen Dinge
im bewegten Herzen

Sonnkraft
der Liebe
in jedem Bezug

zum
unvergänglichen
Allhier

1.16
Mohn und
Pfingstrose verblühn
wie die Sinne der Menschen

Berührendes Schauspiel
doch Frühlings wieder
das Aufblühn

in
paradiesischen
Gärten

1.17
Die süssen Maieriesli
grüssen dich von mir am
Wegrandläuten

Dein Lauschen
schüttet Klarnis in den
Seelenwirrwarr

Komm und
leg dein Mündchen
an mein Ohr

1.18
Weihekraft des Morgens
strömt in
unser Seelensein

Leis gefühlte
Zärtlichkeit umwindet
was wir sind

zu
innigem
Vereinen

1.19
Liebeskraft
im Allumfangen
strömt dir zu

Wie linde Lüfte
lieb ich dich in
meinem Dich-Umgleiten

Vernimm
des Bittenden
erschütterndes Gebet

1.20
Noblesse
im Spielen
virtuoser Künste

Götterreife
wo
Gedanken glühn

das Herz
im Wandel
zu begreifen

1.21
Hoffnung
Seelenproviant im
längelangen Schreiten

Warme Liebe
wie die Sonne
ausgestrahlt

ins
erhabene
Gedeihen

1.22
Hier sind die
Rosenröslein
zart und schön

Wie die Blüten einer
Liebesnacht beglücken
sie mit ihren Köpfchen

den der sich
an ihrem Dasein
freudevoll erlebt

1.23
Wunder über Wunder
spendet uns
das Erdensein

in Zeiten
voller
Lebenstrautheit

wenn wir
lauschenden Gewissens
durch die lichten Tage gehn

1.24
Reinheit
des Gemüts vor
allen Dingen

Unbeschwertheit
wie die Vögel in
den Lüften und

ein Herz
voll Liebe für die
Freundlichkeit des Lebens

1.25
Meine
Schnecklein
gross und klein

haben
heute
Festtag

an der
Hauswand
wie im Garten

1.26
Ich trage unaufhörlich
Sanftmut
vor dich hin

Gesteh dir meine Liebe
im Zerfasern
der Geduld

und hüte was du bist
vertrauensvoll
im Wunderbaren

1.27
Wohin mit soviel liebendem
Gedenken, wenn nicht im
Abendsonnenschein zu dir

die Seele dir mit Licht zu
tränken und in allherrlicher
Manier mit dir ins

Traumgemach zu tanzen
allwo die Liebe uns
erblüht

gleich wie der Sonne
Purpurglänzen, derweil sie still
am Horizont verglüht

1.28
Wandlung ins
Beglückende der
sonnerfüllten Tage

Farbenblütenfülle
im erhabnen Reichtum
der Natur

Harmonie der Seelen
in der Lieblichkeit
des beieinander Ruhns

1.29
Ins Paradiesische
führt uns
die Liebe

in Gärten
lauterer
Glückseligkeit

in der die Seelen sich
ins Wonnesein
verlieren

1.30
Im Strom der
Wachheit
wallen wir getrost dahin

Unser Sein
ist eitel Freude an den
Lebensdingen

an denen wir uns
weiden durch den
lieben langen Tag

1.31
Liebenswertes Staunen
ob der Artenfülle
der Natur

Heimfahrt ins
Geborgene der
Häuslichkeit

Seliges Vereintsein
in der
linden Lebensharmonie

1.32
Traumzeit
im
Rosengarten

Lächelndes
Vergissmeinnicht
am Wiesenbord gesehn

in
liebevollem
Staunen

1.33
Sommers Anfang
in gemessnen
Weltentagen

Des Sonnenstrahlens
unermessliches
Liebkosen

Liebesglänzen
in der
Seinsnatur

1.34
Makellose
Reinheit
überragenden Gewahrens

Präsenz
der Göttlichkeit
im Heil

der
dargereichten
Seele

1.35
Herzverbundene
sind sich
ununterbrochen gut

In Schönheit tragen sie
sich ihres Lächelns
Liebesdienst entgegen

und verweilen in
der hellen Seinswelt
hochbeglückten Gründen

1.36
Lächelnde Kelche
beim süssen
Verweilen

Unvergänglichkeit
des
Wandelbaren

in des
Einsseins
seelenvoller Harmonie

1.37
Hochgesang
des Lichts
im Sonnenstrahlen

Aller
guten Gaben
wonnevolles Spiel

im
Sinngebet
des Schweigens

1.38
Ich gürte dich mit
wissender Empfänglichkeit
in feinen Tagen

Sei lauter
und gewähre deiner
Liebe Raum

in
virtuosen
Eigentümlichkeiten

1.39
In Herzenseinfalt
ruhen die Zweiglein
der Holdseligkeit

Wir brechen auf
ins Glück der
Sommersonnentage

und nähren unsre Liebe
mit der Traulichkeit der
heiteren Gemüter

1.40
Lächelnde Windsbraut
in
lockigen Tagen

Papagena
der
Geselligkeit

im
Wirl
der Sommerszeiten

1.41
Neue Wege zu beschreiten
ziehn wir ins Gelock
der Weiten

Freude flimmert
in der
sonnenhellen Zeit

unserm
Lebensdurst
Befriedung zu bereiten

1.42
In die Welt
gezogne Leichte
des Empfindens

Lächelndes
Gesumse der
Natürlichkeiten

im
geschwisterlichen
Wohl

1.43
Traumreich
der Weiten
herzbesungen

Liebeszug ins
Wohlbekannte
Graziöse

auf der
delikaten
Lebensbahn

1.44
Morgenlichtes Weilen
in vertrauten
Seelenseligkeiten

Harmonienreigen
allseits
im Gewoge

der beglückten
Wesensleichte in
der ewigen Natur

1.45
Augenblau
in
Liebesarmen

Allerzärtlichstes
Geflüster
in der

Sternenfreundlichkeit
des
Zeitgeriesels

1.46
Seelenflehen
nach
Gemeinsamkeiten

Lust-Erblühen
im
Begegnen

der Gleichgestimmtheit
überschäumendem
Gefühl

1.47
Segeln
in den sommerreifen
Herbst

Galante Tage
reihen sich
wie Perlen

auf
die zauberhafte
Liebesschnur

1.48
Lebenslust und
Schweigen im
goldgelockten Tag

Der strahlende Jüngling
umsegelt die Welt
und beseelt

was
wir sind -
im Geheimen

1.49
Wahres Bemühen
spendet
beseelte Erlösung

Voll Weisheit
bewahrt uns die Gottheit
in der Liebe Schoss

das
Seinserkennen
zu entfalten

1.50
Stilles Begrüssen
im
sausenden Wind

Sinnfindung
im
Spiel

der
Gedanken
höheren Ruhns

Wie Märchenbilder aus Arabien

2.1
Zärtliche Liebe
verliert sich ins Leben
der Trauten

Sommersonnennächte
verklären das Weben
der glücklichen Zeit

wie
Märchenbilder
aus Arabien

2.2
Welche Glut im Kleide
der Natur an
Sommersonnentagen

Seelenruhe
webt uns in die Freude
still hinein

derweil die Wärme
reift den Bund
vertrauter Herzen

2.3
Edelmütiges Umfangen
in der
Seelenfeine

Zärtlichkeit
im
morgendlichen Tauschen

Trautheit
in des Einsseins
seliger Harmonie

2.4
Feingefühl
im Seinsbezug
des Lebens

Kräftetausch
im
zärtlichen Bekennen

des
Befindens
deinem zu

2.5
Harmonie
des Einigseins
im Grünen

Glamour
der Gefühle
glückentsprungen

in der Zeit
der Herdenglöcklein
vor dem Tor

2.6
Wallfahrt
zu den Göttern
der Vernunft

Lächelndes
Begaben
meiner Kleinwelt

mit dem
Herzton
des Empfindens

2.7
Allgemach verbreitet sich
das Schweigen
der Natur

Die Seele strahlt
vom Glück
des Seinsbegreifens

in der
Einheit
Göttlicher Gebilde

2.8
Ein Röslein öffnet die
verschlafnen Äuglein, dass man
sie begucken kann

Die Herzblutströme steigen
und begaben das Erinnern
mit neuer Sehnsucht

nach den lieb
gewordenen
Holdseligkeiten

2.9
Wesenslieblichkeit
in deinen
feinen Zügen

Unverbrüchlichkeit
des
Treuseins

in der Sanftmut
wohlgesittetem
Gefühl

2.10
Ton in Ton der Himmel
mit des Hierseins
Situation

Schwere Winde jaulen
wohl von Sibiria
herüber

Ein Flämmchen flackert
Giuliettas
Märchenaugen zu

2.11
Heimweh
nach Gerechtigkeit
und Frieden

Last der Leiden
für jene die sie
auszustehen haben

Lächelprobe
in den Stürmen
des Verzagens

2.12
Leis durchrieselt
das Gebet der Liebe
deinen Schnee

Die Gesinnung äussert sich
im Ton der Freundlichkeit
der Liebesgaben

Viele Wege führen
zu der
Einheit hehrem Wohl

2.13
Die schöne Kunst
des Weilens läutert
den Seelenbetrieb

Lob der Eintracht
in
zerfurchten Talen

Holdseligkeit
am Brauttag
des Begreifens

2.14
Gang zur Schönheit
Hang zur Freude
im gestillten Seelensein

Ohne Makel
ist die Weise die mich
durch die Zeiten führt

im
ewigen
Entfalten

2.15
Über jede Weite
findet sich
der Liebesbogen

Wohlerwogne
Traulichkeit
ist seine Gabe

ans
erhabne
Weltenspiel

2.16
Wir verschwimmen
in den Liebesgaben
der Natur

Strahlende
Zärtlichkeit
durchströmt uns

wo wir uns
dem Liebelicht
ergeben

2.17

Allegro nel gusto umbriale
sei das Losungswort
für diesen Morgen

Sonntagsfeierlich erhebt
sich uns der Tag, selbst
hinter Wolkenbankgeschwadern

Ich trage deinem Herzen
Heiterkeit und deiner Liebe
allerzärtlichstes Erfüllen zu

2.18

Die Farbenfülle
schmilzt
ins Sanfte

Die Erde
trägt ihr
feuriges Gemüt

der melancholischen
Gelassenheit
entgegen

2.19

Himmels Rosenspiel
im
süssen Weilen

Abendstille in
der Liebestrautheit
der Beglückten

An
das Sein
vergebne Wesensruh

2.20
Heimat
im Herzweh der
Zeiten

Trautheit
im hellen
Verstehn

dem
seligen Lächeln
ergeben

2.21
Mit Zärtlichkeit
Getaufte
sind wir

mitten
in der
Ewigkeit

des
unerschütterlichen
Werdens

2.22
Flüsternde
Tage
vom Glück

Heiterkeit
in allen
Herzenstönen

Reines
Gleiten in
Glückseligkeiten

2.23
Magnolienblütenfest
im Hüttchen an
der Spree

Beglücktes Sein
in Wohl-
gestimmtheit

und
holdseligem
Den-Lebenssinn-Erfahren

2.24
Du bist so schön
im Lobgesang
der Tage

dass ich
dich
geliebtes Herz

tief
inniglich
verehre

2.25
Holdes Dasein
Traumnacht-
gefällig

Ausladende
Gebärde der
Beseligung

im
Nest der
süssen Liebesgaben

2.26
Zweiwegzauber
vor dem
Hähnekrähn

Zärtliches Gelispel
am
geliebten Ohr

deine Seele
zu
entzücken

2.27
Eingewunden
eingebunden in
den Lebenssinn

Equilibrium von
Dankbarkeit und
göttlichem Gefühl

Seelenblühen
in den
lichten Freudentag

2.28
Leise, liebe Träume
tropfen
in dein Ohr

von sonnbeglänzten Tagen
trauten
Mondennächten

im gestillten Kreis
der
glückerfüllten Seele

2.29
Von feiner Liebe
nähren sich
die Sympathien

Was die Trautheit
sich vergibt erblüht
in makellosem Frieden

derweil's die Traulichen
verstehen, sich im Wesen
der Holdseligkeit zu baden

2.30
Regentropfenmelodien
träufeln in
dein Ohr

In
süssem Singsang
brennt dein Herz

der Liebe
des Geliebten
liebevoll entgegen

2.31
Herzensreichtum
im
bedeutungsvollen Fragen

Geschwisterschaft
in
Wesenstreue

über
Lebenswogen
hin

2.32
Was sich findet
was sich bindet sucht
der Seligkeiten Wohl

Mit nichts sind
unsre Liebesfreuden
zu vergleichen

Blütenweich und duftend
wie Vergissmeinnicht
sind sie

2.33

Das Wesen
der Gottheit
ist berückend schön

Sie
birgt sich in
uns genauso

wie wir uns
in ihr Hiersein
verbergen

2.34

Aus der Glut der Rosen
spricht die Glut
der Lebenspoesie

Ohne Makel
ist die Sinnlichkeit
im Liebesweben

wenn
das reine Herz
sich zärtlich offenbart

2.35

Holde Kunst
der Töne
herzverbunden

Du versammelst
die
Zerstreuten

und
verschenkst dich
ihrem lichten Wohl

2.36
Eine Weise
schön und mild für
Altweibersonnentage

Herbstwärme
geruhsam zu
geniessen

welches
Glück für
die Verliebten

2.37
Wie sind wir doch
der Wanderschaft verschrieben
ohne Rast und Ruh

es sei denn
dass in Herzenstiefen
eine stille See

von Seinsgeborgenheit
das Lächeln
der Holdseligkeit verstrahlt

2.38
Wach und mutig
wollen wir
dem Tag begegnen

Geschwister der
Gerechtigkeit und Liebe
sollen wir uns sein

im friedevollen
Aneinander-
sich-Entfalten

2.39
Die Taglaufweite
folgt sich selbst im
Gleichnis des Entschwindens

Die Harmonie
der Liebe
windet Kränze

um
das
selbstvergessne Paar

2.40
Leichtfüssig hüpfen wir
ins Freilicht
unbeschwerter Tage

Sonnenhelle Nebelschleier
tauchen unsre Fluren ins
Märchenhafte

der
gereiften Herbstzeit
dieses Jahresbogens

2.41

Wie bunte Träume
sind die gloriosen Tage
uns vergangen

Dolce far niente
in
versiertem Stil

der
Liebestraulichkeit
zu Ehren

2.42

Behutsam
breit ich
Stille vor dich hin

in
liebendem
Bedenken

deine
Seelenkraft
zu mehren

2.43

Lächelnde Gestilltheit
offenbart sich in der
Stille des Geschehns

Der Sinn der
Trautheit trägt sich
ins Vereinen

im
beseligenden
Sich-Begreifen

2.44
Urvertrauens Kraft
durchströme
unser Herzgefüge

Leichtfüssiges
Verliebtsein
führe uns

durch Weh und Ach
zum
zärtlichen Vereinen

2.45
Kindchenreine
in den
aufgeschlagnen Äuglein

Herzbewegende
Manier
der Unschuld

vor dem
liebevollen
Staunen

2.46
Deine Seele
trachtet nach
holdseligem Vereinen

Warme Herzlichkeit
ist ihr
Vertrauenston

indem sie sich
dem Du entgegenschwingt
im hoffnungsvollen Sehnen

2.47
Der Lichtglanz jeden
Sonnentages bringt der
Seele neues Wohl

Im liebevollen Strahlen
möchte sich in uns das
Göttliche vollenden

Wir schreiten
unter Engelscharen heiter
durch den Freudentag

2.48
Ich öffne Meine Pforten
deinem
Seinsgefühl zu Ehren

Bewundere was Ich
an deiner Seelenkraft
getan

im
vollgeduldigen
Erheben

2.49

Wie über
schön geglättete Wogen
schreiten wir bewusst dahin

Vom
sanften Sein
umfangen

fügen wir
Glückseligkeit
in unser Streben

2.50

Schöne Weise
leise leise
in der Morgenpoesie

Waches Streben
Wunderleben
in Romeos Zaubergarten

Siegessicher
ziehn wir durch die
Freudenzeit dahin

2.51

Seelenfreude
Herzhüpfen
wie's Wiesenlämmchen

Hast du
deinen Morgenspruch
getan

in
Romeos
Gefilden

2.52
Die märchenhaften
Herbstlaubtage
verklären unser Seelensein

Im Freudewogen
feiern wir die
reifende Natur

und tragen
neue Kräfte ins
beglückende Erleben

2.53
Der andern Trugschluss
füttert deiner
Klarsicht Pfand

Dein Gerechtsein
will sich mit der
Weltenliebe paaren

Du schreitest in der
Morgenröte neuen Seins
beglückt voran

2.54
Was wir mit
Herzlichkeit bedenken
wird auch herzlich gut

Wir umfangen uns
mit
liebevollem Feingefühl

wenn wir uns
nacheinander
sehnen

2.55
In der Seinslust
sehn sich alle Dinge
wunderbar vermählt

Wir begrüssen uns
und
grüssen uns selbst

in der
Offenbarung unseres
Einheitswesens

2.56
Jedes Wort
ein
Flämmchen Liebe

weitet sich
zum
Flammenmeer

2.57
Meine Augen schlag ich
zu dir wie
zum Himmel auf

2.58

Das Bewusstsein deiner
Göttlichkeit befreit dich
von der Erdenschwere

Sieh den Sonnstrahl
sieh die Liebe
dich durchfluten

So finden wir den Pfad
ins Reich der
Seligkeiten

2.59

Gefangene
der
Liebe

Auferstandene
aus ihrer Glut
zum

Festmahl
der Glückseligkeit in
Himmelssphären

2.60

Vergissmeinnicht
und Veilchen, Enzian und
Rosenköpfchen

stell ich dir
auf's
Fensterbrettchen

deinen Äuglein
Morgensüsse
zu verleihen

2.61
Reine Liebe
rettet dich ins
göttliche Umfangen

Deine Seligkeit
ist das Erblühn der Anmut
in den Liebestaten

Frohgemut
ziehn wir durch's
Hoffnungsland dahin

2.62
Eine Herzensnote
fein gesungen an der
liebevollen Brust

In der Freude
des Begegnens
öffnet sich der Kelch

des
überströmenden
Verschenkens

2.63

Wir weiden uns
am Hochgesang
der Meister

Ihre Bögen
überziehn
Jahrhunderte

um uns
im hellen Hören
zu vereinen

2.64

Glaubenskraft und
Tugend sind
Glückseligkeitsgefässe

Weihung an das Lichte
prägt sich
in dein Wohl

und lässt dich mit mir
wie ein Herz
die Lebenstraulichkeit erfahren

2.65

Wir sehn in
sinnender Manier die
Freudenblümchen blühn

Die Liebe zu begreifen
ziehen wir
ins Leben

und eratmen
ihre Düfte
im verschenkenden Gefühl

2.66
Wolle
den
Freudentag

Sei gütig
zu den Menschen
wie zu dir

in
unerschütterlichem
Wohl-Bereiten

2.67
Von mir zu
deinem Herzen
fährt ein Strahl

getrieben von
der Weichheit
der Gefühle

wie der Neigung
dich in Zartheit
zu umfloren

5492
13.11.94
Glorie des Tags
im freien
Landdurchstreichen

Lieb verschlungene
Behaglichkeit im
Heim-Erreichen

Lebenswasser
für die
Seelenharmonie

2.68
Wir tragen
Früchte des Erlebens
in die Höhn

Voll
Dankbarkeit
ist unser Herz

für die holdseligen
Begegnungen im
Wirbelwind der Zeiten

2.69
Wir haben
das Gewölbe unsres Weltgeschehns
zu tragen

Im Zuge
des Begegnens
Du zu Du

soll es
an Zärtlichkeit
nicht fehlen

Leichtfüssig fliegen die Tage dahin

3.1

Leichtfüssig fliegen
die Tage dahin –
im vollendeten Behagen

Wie mit
Silberglöckchenklingen
öffnet sich das Morgentor

dem
Empfinden
der Verliebten

3.2

In
Liebesarmenstille
halt ich dich umfangen

Wie schön du bist
geschmückt mit
Lauterkeit

und
stillem
Sehnsuchtsweben

3.3

Ausverkauf
in
Meiner Schwebe

Durch deine
Lücken flutet
was Ich Bin

in
überragendem
Behüten

3.4
Alle Wege führen
zur
Vereinigung der Seelen

Harmonien durch Konflikt
welch
bezaubernde Devise

Wir führen uns
zum Sein im
liebenden Umfangen

3.5
Ohne Sorge sei
in
deinen Wesensgründen

Deine Liebe
hebt dich
über alle Not

und vollendet sich
im
zärtlichen Vereinen

3.6
Lichte Wärme
strahlt in dein Gemüt
im Seinserleben

O reizende
Holdseligkeit die
ich erleben darf

in deiner Arme
freudetrunkenem
Begrüssen

3.7
Im Wunder des Begegnens
seh ich Freudenblümchen
blühn

Wie lieb sind
deine Träume wenn sie
mich umhegen

Lass uns in
Einigkeit vor unsern
Engeln stehn

3.8
Mandarinen-, Zimt- und
Honigdüfte schweben
durch den Weihnachtsraum

Welche Süsse
liegt im Freuen
auf den Tag und

auf die nah
gekommnen
wonnevollen Zeiten

3.9

In der schönen Liebe
flicht Gesunden sich
ins Herz

Träumrisches Verschenken
strömt in
alle Fibern

wenn die
Zärtlichen sich
wortelos verstehn

3.10

Wie reich sind wir
im Überleben
unsrer Liebe

Die ganze Welt
wird froh, wenn sie
uns reisen sieht

durch
unsre
Übermütigkeiten

3.11

Dem Wandel der Könige gleich
ist der unsre
wir bringen IHM

Gaben der Treue
der Liebe
des Dienens

als
Werdende
dar

3.12
Das Rätsel
der Verwandlung pocht
an deine Türen

Öffne dich der
Lichtkraft die in dir
erblühen will

der
Menschenwelt
zu dienen

3.13
Feierlich und froh
das Herz im Angesicht
der Sterne

Liebevolles
Sich-Verströmen
an das Seelensein

des
traulichen
Gespans

3.14
Seinskontakte
prägen uns
im Lernverfahren

Stille
Übereinkunft
unsrer Seelen

lässt der
Freude Silberglanz
erblühn

3.15
Ringeltanz
der Süsse
im Natürlichen

Sagenhafte
Milde
in der

Fühlwelt
der
Beseligten

3.16
Den Stunden der
Beseligung entgegen
schlägt das Herz

Wir taufen uns
mit liebevollen
Zärtlichkeiten

in der
Einheit
des Begreifens

3.17

Lob der Freundschaft
in der Dreiheit
des Beginnens

Tag der Weihe
an's
Vertrauen

in der Demut
der
Vergeblichkeiten

3.18

Im Geriesel
deiner Freundlichkeiten
blüht Mein Wohl

Leuchte sternengleich
im Wirkkreis
deiner Taten

und verbreite
deines Liebelichtes
Strahl

3.19

Kinderunschuld
will uns auf den
Heilsweg führen

Leichten Herzens
ziehn wir in den
Morgentraum

von
überird'scher
Schöne

3.20
Deiner Liebe
gebe ich mein
Treusein hin

Frei
von
allen Nöten

sollst du
deine Wesensfülle
bei mir finden

3.21
Lebenssinn
im
Aneinanderschmiegen

Glut
des tiefen
Sich-Verstehns

in den
Gründen des
Bewährens

3.22
Ein kleines Lied
ins Seelenkämmerlein
gesungen

Ein Lichtlein
angezündet auf der
Stille Kahn

Mit deinem
Lächeln in den
Morgenwind gefahren

3.23
Die Maya fällt
vom Pfeil
des Erkennens

Schulterschlüssig
schreiten wir
zum Licht hinan

in der
Märchenhaftigkeit
der Paarung

3.24
Honigbrötchen und
Vergissmeinnicht trag ich
an dein Bettchen

Ein Kerzlein zünd ich an
die Geborgenheit
zu mehren

im
liebelichten
Schweigen

3.25
Wintermärchenluft
im
Ländchen

Lichtglanz
in den Stuben
vor dem Fest

der
liebenden Gerechtigkeit
im Grund der Seelen

3.26
Alle, alle
Bäumchen
tief im Schnee

Ein Märchenkleid
fürs
Kinderaugenzwinkern

Eine Pracht
für Giuliettas
Seelenelegie

3.27
Ein Reislein Liebe
in der trauten Nacht
von Herz zu Herz geflossen

Wir tragen unsre Sehnsucht
in die Stille
des Geniessens

und erheben uns
zu unsrer Seele
silberhellem Wohl

3.28
Eine Botschaft
an die Menschen
ist Mein Licht

Was sie sich erträumen
bringe Ich
den Herzen nah

im
warm gefühlten
Weihnachtsweben

3.29
Prophet der
Stille
des Gemüts

ist
Christus
uns geworden

in der
Seelen-
sehnsucht

3.30
Herold
aller
guten Gaben

die Geburt
der
Zuversicht

im
Lächeln
des Vertrauens

3.31
Ich mache
euch
zu Auserwählten

deutet
Er in
Seinen Sich-Begründen

Wacht und
seht was ich
dem Weltenlauf getan

3.32
Die Gemüter
will Ich
euch entzünden

dass ihr
nach
Vollendung strebt

im festen Wollen
in der
wohlgesetzten Tat

3.33
Wie Geschwister
sollt ihr
euch benehmen

allerorten
auf der
Lebensspur

die Menschenwürde
zu
verbreiten

3.34
Seht das Rechte
und
vollzieht es

ohne Unmut
ohne
leichte Wahl

im
stark geword'nen
Schreiten

3.35
Offenbart
ist alles was
dem Sinn vonnöten

Mein
Gerechtsein
fiebert in der Luft

die
Geliebten
zu erlösen

3.36
Feiert
Meine Ankunft
im Erwecken

eurer
Herzensfreude
voller Gluten

strahlend
allem
Wesenhaften zu

3.37
Seid mit
Mir verwandt
im Sein

Fasst
ins Bewusstsein
was Ich Bin

und sehet
was ihr seid in
Meinem Überfliessen

3.38
Trinkt
den Kelch den
Ich euch reiche

Stärkt euch
an der
Hoffnungsflut

die in
die Seelen strömt
an hoch geweihten Tagen

3.39
Selig sind
die an
Mir hangen

wie die
Beere
an der Rebenstaude

voll von
Meiner Süsse
wunderbar

3.40
In deinem Namen
grünt der Zweig des
liebenden Erwählens

Es hüpft
das Herz
voll Lebensfreude

die Weltenschönheit
zu
vermehren

3.41
Im Strom der
guten Kräfte
Bin Ich euer Leben

Meine Herzensgüte
führt dich liebevoll
durch's helleTal

dein
Himmelreich
zu finden

3.42
Wie ist die Welt
verzaubert schön im
weich geflockten Schnee

Ein Herz zum Tag
schlägt dir
die Melodie

der
Traulichkeit
entgegen

3.43
Allmächtig
ist die Seele
im Begüten

Siegessichern
Glanz legt sie
auf Wald und Flur

im
reich geschmückten
Land des Liebens

3.44
Meilenweit
der Duft
der Sehnsucht

nach
dem
Weilen

in der
Schönheit
des Natürlichen

3.45
Herzensgüte
wallt in
deine Gründe

Köstliches Umfangen
hütet dich in
weiser Remedur

Wir haben uns
ins Rosenwölkchenglück
getragen

3.46
Vom Liebelicht
der Zeit umwunden
schauen wir uns an

Gesegnet sei
was du dir Bist
in deinem Wesen

Mir klingt von dir
im Herzen eine süsse Melodie
entgegen

3.47
Bald klingt
der Morgenstreich des
neuen Tags durchs Tälchen

Die Friedenstücher
sind
allüberall verlegt

und schön geschmückt
das Herz mit reiner
Liebe Gaben

3.48
Wie sind wir Winzige
verglichen mit der Geistesgrösse
die uns eigen

Ich umhülle dich
mit Meinen
Liebesgaben

Ein Halleluja in
Wort und Tat sei
alles Menschensein

3.49
Ein Krümchen Liebe
für mein Vögelchen im
neuen Tagerleben

Wie schön die
Hoffnungen die wir
uns selbst bereiten

Allein was dich zum Sein
erhebt, erfüllt die
Sehnsucht allen Werdens

3.50
Es atmen die Gefühle
Seligkeit
in langen Zügen

Im Schweigen
wohlbehütet dämmert
uns der Morgen

als ein Traum
von Schönheit
und Behagen

3.51
Im Glück
des Wintertags
geborgen

klingen
Melodien
fein

von
Herz zu
Herzensharmonie

3.52
Im Erwachen öffnet sich
ein neuer Seelentag
dem schweigenden Gemüte

Wer Freude sät
wird Liebe ernten im
bewegten Menschentum

Wie traut ist
unser Sein im
Es-Bejahen

3.53
Ein Traum im Träumen
eine Kraft im
Kräftespiel der Welt

Dein Pfand im Herzen
deine Liebe
im Gemüt

auf
glückbedeckten
Wegen

3.54
In der Süsse
dieses Morgens
eine Melodie

von
Trautheit
und Erwarmen

liebevoll
und
wunderschön

3.55
Traulich Blut
In warm
vermählten Adern

Freuderfüllendes
Begreifen
der All-Einheit

im Verschmelzen
zweier Wesen
zum beglückten Paar

3.56
Neue Linnen
zieht der Winter
über's Land

Wie schön
an seine Gegenwart
zu denken

in der
stillen
Morgenharmonie

3.57
Gleitzeit
ins
Glückselige

im
Funken-
sprühn

der
morgendlichen
Harmonien

3.58
Wie köstlich ist
der Lebenslauf
im Liebeslicht gesehn

Trautheit
im
Sich-Finden

Wonne
des Verschmelzens
für und für

3.59
Wie schön ist's
wenn Du weidest in der Näh
geliebtes Lämmchen

Krauen
will ich deine Wolle
mit Behagen

und belauschen
deines Herzens
liebevollen Schlag

3.60
Wie blühen doch
die Röslein reinen Glücks
in unserem Garten

An deiner
Lieblichkeit
gedeiht mein Herz

zu
immer schön'rer
Schöne

3.61
Ein weiches Kissen ist
die löblichste der Gaben
für die süsse Ruh

Dann folgen andere
die uns
entführen

in die Sanftmut
des vollendeten
Vermählens

3.62
Die Zärtlichkeit
verspinnt sich
ins Geniessen

Der Lebenslust
ergeben
freuen sich

die Seinsgeschwister
am
erlesnen Spiel

3.63
Sehnsuchtskreise
ziehn sich zum geliebten Herz
der Herzlichkeiten

Bitter schmeckt die Nacht
bevor Aurora
ihren Rosenhauch

ins Flockenmeer
der Aetherwölkchen
zaubert

3.64
Himmelweite
Zuversicht
in deinen Landen

Schmiegsamkeit
des Herzens
an das deine

mich im Liebesstrom
Elysiens
zu baden

Lächelndes Genügen an der Welt

4.1

Trost und Würde
gibt uns Seelengrösse
im Geheimen

Lächelndes
Genügen
an der Welt

der
wohlbewussten
Unerforschlichkeiten

4.2

Ein neuer Tag
eine Wende im
Gebetbuch der Zeit

Wir bummeln ihn hinunter
und rufen freudig:
Hallo

wenn
die Abendwölkchen
glühn

4.3

In der Sicht des Herzvertrauens
sind die Lebensdinge
wunderschön

Wir gehen
unsern Pfad gemäss
den Gottesräten

und bewegen uns
zur Lieblichkeit
des Teilens

4.4
Wache Wärme
im Strömen
des Entzückens

Lauteres Geniessen
an der Quelle
des Empfindens

Auferstehn zum Tag
so rosig wie
Auroras Elegie

4.5
Wache Äuglein
waches Herzblut für
den Morgensegen

Was gewinne ich
an diesem Tag
an Menschengrösse

Wo lächle ich
dem Schicksal
Heldenmut entgegen

4.6
Freude des Begegnens
in der Weichheit
liebevollem Ton

Sein und Lauschen
im Beben
der Glückseligkeit

in
traut gefühlter
Näh

4.7
Mondschein
fliessende Gebärde
durch's Geäst

Der Horizont
ein Hauch von Farben
die sich

voll Sanftmut
in die stille Nacht
verwehn

4.8
Abseits der
Menschenköpfeleien
zieht sich unsre Liebe
federleicht dahin

Ich wiege dich wie eine
sanfte Garbe in
beglückten Armen
und verschliess dein

Mündchen mit dem Siegel
meiner Küsse
feierlich und herzensfroh

4.9
Ruhig keimt
der Same glorioser Frucht
im Seelensein

Einmal ist die Aehre
voll und reif
zur Ernte

und zum Fest
der
Resurrektion

4.10
Ich sags dem Röselein
ins Herz
dass ich es liebe

Ein Hauch
von Zärtlichkeit
berührt die Wangen

seiner
wundersamen
Schöne

4.11
Was bringt der Tag
zu
deinem Staunen

Ein
Zeichen
Romeos

ein Federchen
vom
farbigen Plumage

4.12
Du vollendest dich
am Werk
das du bewegst

Dein Wesen
ruht in meiner Hoffnung
strahlen

Ich umwerbe dich
mit
märchenhaften Melodei'n

4.13
Fasnachtsmäskelchen
sind wir vor
unserm wahren Werden

Singvögel für die Seele
auf der
Liebe Spur

im Zwitschern
farbenfroher
Melodien

4.14
Süsse Trautheit
lächelt dem der sich
dem Zeitenmass ergibt

Wir folgen einer Rosenspur
im sel'gen
Herzbewegen

die uns
Glückseligkeit verleiht
im liebevollen Weilen

4.15

Reinheit der
Beziehung in der
Herzlichkeit des Tuns

Offen sind die Wege
jedes Wesens
seinem Sinn gemäss

Wir begreifen
was wir lieben
in der Herzensmelodie

4.16

Breit ist die
Flut der
wogenden Gefühle

Eng das Törchen
das zur Ruhe des
Gewissens führt

in
seligen
Himmelskreisen

4.17

Heiter und gelassen ist
was ich dir von mir
entbiete

Seelenzartheit
kümmert sich
um deine Welt

im
liebevollen
Seins-Umfangen

4.18

Mäuschenzart schleicht
Romeo ans Bettchen
der Verschwiegenheit

und summt
die Schläferin
aus ihren Träumen

neuen
Seligkeiten
zu

4.19

Voll Güte
streift mein Wehn
dein Herzbefinden

In Sorgsamkeit
und Liebe halt ich
dich umfangen

bis die Rosen
neuen Lebens
dir erblühn

4.20
Am Freudentag
ein freudiges Begrüssen
deiner trauten Näh

Wie lieb
die Seelen
sich umfangen

Wie schön
die Augensterne
glänzen

4.21
Lichte
Seidenstrasse
des Genesens

Golddurchwirkter
Zauber
in der

Morgenluft
der fliessenden
Unendlichkeiten

4.22
Hingehauchtes Rosenrot
in
Morgenlüften

Lichtschauspiel
im
offnen Blauen

des
erwachten
Liebestags

4.23
Friedefertigkeit
im
Seelenatem

Liebevolle Trautheit
wo Gemüter
sich verstehn

in
leis bewegten
Harmonien

4.24
Wir *sind* und sehn
die Tage, Bild um Bild
vorübergleiten

Das Blinken
der Gestirne
weitet unser Wohl

in
lichte
Seelenräume

4.25

Sag an wo deine Träume schweben
sag diesem neuen Erdentag
er soll dich in den Himmel heben
weit über allem, was dich binden mag

Versuch das Glück hinauszusingen
dass du im Dasein wirkend stehst
und mit so zauberhaften Dingen
des Lebens durch die Zeiten gehst

Sie wollen dich zur Freiheit führen
wie zur Begeisterung am Sein
wo du einst hinter offnen Türen
wirst finden dein glückseliges Daheim

4.26

Sing und sage diesem neuen Tag
dein Herzensglück
entgegen

Ich verehre dich geliebte Seele
in
geschwisterlichem Frieden

und begleite dein Geschick
auf steil
gesetztem Pfad

4.27

Morgenweihe in
der Kunst des
Amselsingens

Eintracht
in
Gedankenharmonie

im
friedevollen
Sich-einander-Zugesellen

4.28
Deine Liebe, Schwesterchen,
ist wie die Himmelssterne
märchenschön

Behütendes Vertrautsein
fliesst von
Herz zu Herz

wo sich
die Menschenkinder
inniglich begreifen

4.29
Melodie des Tags
in
silberhellem Rauschen

Wachheit
auf des Lebens
Sternenbahn

von
Himmelskraft
getragen

4.30
Morgenprayer
in der Liebesluft
der Traulichkeiten

Derweil
das Himmelslicht den
Universenraum verhüllt

beginnen wir
den Tagraum
innig zu geniessen

4.31
Das ist ein Tag
der Wonne
für dein Weitergehn

Ein Tag
voll Glanz im
sonnenstrahlenden Azur

der sich
in deine Seele schmiegt
im liebevollen Sich-Vereinen

4.32
Schön gefügtes Weilen
in der Runde
der Bewegten

Herzlichkeit
des Tons im
gleichgefühlten Denken

ins trauliche
Verbundensein
gelegt

4.33
In der Feine des Berührens
schmilzt
der Widerstand dahin

Der Leichtigkeit des Weilens
öffnet sich
das Liebelächeln

in
der
Seelenharmonie

4.34
Zart gesetzte Stunden
machen uns das Leben
licht und schön

Wir gewinnen
aus dem Dasein
Frühlingsstimmenweben

und bereiten uns
Glückseligkeit
im sanften Wohlverstehn

4.35
Besinn dich auf
das Lächeln jeden Tags
in deinem Leben

Schau
das Heute
als ein Fest

des schönen Seins
im Wirbeltanz
der Sterne

4.36
Wo die Sterne walten
waltet Frieden
im Gemüt

Sei der Welt
in Zärtlichkeit
verbunden

im
allumfassenden
Geschehn

4.37
Humoresken
sind befreiend
für die Seelentrübe

Schon läuten
hundert Glöckchen
Ostern ein

im
grünenden Gewand
der Jahreszeiten

4.38
Kein Tag wie
der andre
im Frühlingsrauschen

Die Sonne
leckt den Schnee,
die Blümchen leuchten

und die Buschwindröschen
recken sich
am Wege

4.39
In schön gesetzten Kreisen
breitet sich vor uns
das liebe Leben

In der
Lieblichkeit des Seins
gestalten sich

die Träume
blütenrein zur Fülle
deiner Wunschnatur

4.40
Amselschlag und
fliessendes Licht
als Boten des Frühlings

Zärtliches Gemüt
und Güte
als Begleiter

deiner
neu erwachten
Seelenharmonie

4.41
Wie schön der junge Tag
im Lobgesang
der Vogelstimmen

Wie fein
die Stimme des Gemüts
im Singen ohne Ton

der
Liebenswürdigen
entgegen

4.42
Sternenliebe
singt sich
ins Verbreiten

Lied der Hoffnung
in der Not
der Zeit

von
Engelsflügeln
hergetragen

4.43
Wovon die Seele
lebt im Tag
beginnen wir zu ahnen

Der Sitz
der Weisheit
ist das Herz

im
liebenden
Vereinen

4.44

In Mimosenzartheit
steht die Seele
vor dem Leben

Liebendes Umfangen
schützt
ihr Sein

im
wachsenden
Sich-selbst-Begreifen

4.45

Im Wunder Seiner Liebe
sind wir
selig aufgehoben

Seine Kräfte
helfen uns
beim Auferstehen

ins Erkennen
allen Seins in
Seinen lichten Gründen

4.46

Des Höchsten Plan ist
alles zur Vollendung
zu erheben

Wie schön ist eine Liebe
wenn sie sich der Weise
des Verstehns ergibt

und des Verschenkens
in den Rängen
engelleichter Harmonie

4.47

Wachsam sei und
voll von sanfter Würde
im Erleben

Wir halten uns
die Hände in der
trauten Art

in der
wir unsern
Liebesweg beschreiten

4.48

Im Weltenwort vereint
ist
unser Streben

Voll Zartheit
ziehn wir
unsres Lebens Bahn

durch den Azur
lichtheller
Seligkeiten

4.49
Wo wir sind
geschehen Wunder
gross im Kleinen

Wie Wiegenkinder
hütet uns die
zärtliche Natur

und führt uns
warmen Herzens
zum Erblühen

4.50
Die Maienluft
ist von
besondrer Süsse

Alles drängt und
wallt dem
Seinserfüllen zu

in
unsrer
Herzenslage

4.51
Lächelnd
lass dich herzen
liebes Herz

Die Blütenpracht
vermehre
um dich selbst

im
alles überstrahlenden
Gedeihen

4.52
Weihe dich
der Andacht im
Gesetz des Fügens

Trachte
zu vergeben wo
die Härte blutet

der Vollendung
der Natur
entgegen

4.53
Unsre Tage
sind erfüllt von
Glück und Frieden

Das Lächeln der
Genügsamkeit verkündet
unser Wohl

und lässt uns
zu Gefilden des
Elysiums entschweben

4.54

Lieblichkeit im
Glanz der Lüfte
trag Ich vor dich hin

Brautschau der Natur
im Blütenreichtum
der Gefilde

Herzbewegen vor der Schönheit
dieses
Frühlingsmorgentraums

4.55

Wir singen und bringen
der Göttin Natura
herzinniges Danken

Sie ist ja so schön
im Kleide
der Unschuld

im Wandel der Sternnacht
vor
unserem Staunen

4.56

Ein Tag der
Wasserkünste der Natur
im Maienflor

Philosophie
der Hoffnung in
der Herzensgrube

Freudenfest
im Harmonienreichtum
der Gestillten

4.57
Wir führen uns
auf Flügeln der Vernunft
hinan

Voll Freude
darf ich dir
ein Fest bereiten

aus
Liebesseligkeit
und innigem Vertrauen

4.58
Reichtum des Begegnens
in der Zeit
Verfliessen

Seelenharmonie
im Weben
der Natur

in die wir uns
verflochten
fühlen

4.59
Wache Bäcklein
kauen besser
was der Tag beschert

Hörst du
das reizende Gezwitscher
der Gefiederten

in deines
Herzbluts
Sich-Verkreisen

4.60
Wie schmiegt sich
deine Welt an meine
wonnevollen Gleitens

Wie köstlich sind die Blümchen
die unter unserm Schreiten
blühn

der schönen Liebe
einen Kranz
zu winden

4.61
Unser Sehnen gilt
den Augensternen
der Verliebtheit

Nach der Insel
in der Hast der Tage
langen wir

wo uns die lauen Lüfte
zu Holdseligkeiten
führen

4.62

Reines Haus
du reine Seele
sei mir gut

Die Lichtlein
zünd ich an in deines
Tages Strahlen

Die Freude
lass ich fluten
deinem Herzblut zu

4.63

Morgenruf der Vöglein
unbeschwert
und schön

Sanftes Herzblut
für des Lebens
Freudentag

in der Kunst
des stillvergnügten
Weilens

4.64

Den Blütenkranz
der Hoffnung leg ich dir ins Haar
auf wundervolle Zeiten

Grosse Dinge
hast du tüchtig
zu vollbringen

in deiner
menschgewordnen
Geistkultur

4.65
Beglückung zieht ins Haus
der morgenfrischen Seele
wenn die Sonne sich erhebt

Die Liebe lächelt
am Gestade des
gestlllten Sees

woran zwei Täubchen
ihre Wonnezeit
verschnäbeln

4.66
Wache Weisheit
in der Schwebe
der Beflügelten

Liebenswürdigkeit
des ersten
Sonnenstrahls

im
selbander
Sich-im-Glück-Erfühlen

4.67
Uns zu Füssen liegt
der Tage Liebreiz
wunderbar

Dem Gestalten
unsres Seins entspringt
die Herzenswonne

die uns
zu den Sternen trägt
im Wiedersehn

4.68
Im Gleichklang
der beglückten Seelen
ruhen wir

Lächelndes Befrieden
webt sich
ins Begreifen

woran wir die
Vollendung des Natürlichen
erleben

4.69
Den Kreis
der Güte hab
ich dir erschlossen

Die Wange dir
zur Zärtlichkeit
gelegt

damit die
Herzensfreude in dir
keime

Der Göttlichkeit zu Diensten

5.1

In reiner Seligkeit
sollst du
dich baden

Verzaubert
sind die Dinge
der Natur

der
Göttlichkeit
zu Diensten

5.2

Eine
bist du
im Geleitzug der Geschlechter

Mir
verwandt im
innigsten Fibrieren

des
verströmten
Herzgefühls

5.3

In deinen Öhrchen
klingts wie
Aetherwellenrauschen

in deinem Herzen
wie Geläut
des Freudentons

dem
Morgendämmersein
entsprungen

5.4
Schatulle
schöner
Gedanken

im
Liebesstil
vor deine Sicht

getragen
Tag für
Freudentag

5.5
Auferstehn aus allen Nöten
wollen wir
im Werden

Unser wahres Sein
erhebt sich über
was die Sinne sehn

und vereint
was uns getrennt erschien
im Sehnen

5.6
Dein Wesen ist
erfüllt vom
Weben der Atome

Erfüllt von Liebe
deines Herzens
Gral

im
Lichte
strahlenden Vollendens

5.7
Wachsamkeit und
Herzenswonne wünsch ich dir
im Leben

trautes
Miteinander-
Gehn

in
lichtdurchschossnen
Träumen

5.8
Im Freudenkreis
der schönen Hoffnung
tanzen wir

Zum
lichterfüllten Sein
erheben sich die Herzen

und
begegnen sich
im Liebe-Strömen

5.9

Wandel des Bewusstseins
Herzenswandel
ins Entzücken

Brodelnde Gewalten
zahme Leuen in der
Schmuckschatulle

Romeo
im Friedensgärtchen
als Symbol

5.10

Wie sind die Zeichen
reiner Liebe
wunderschön

Im Wendekreis
der Jahre steigert sich
der Güte Strahlen

Sanftmut
zu vergeben
leben wir

5.11

Wir tragen Schätze im Erinnern
goldnen Leuchtens
vom erlebten Tag

Katzenäuglein schaun uns an
und
Dotterblümchen

wiegen ihre Köpfchen
auf den schlanken Stengeln
her und …

5.12
Wogendes Bewusstsein
im
bewegten Weltenwallen

Seelenharmonie
im Sinnkreis
muntrer Tage

behutsam
in die Traulichkeit
gelegt

5.13
Was trägt der Wind
auf seiner
Flügel Feine ?

Ein liebes Grüsschen
trägt er mir
davon

Zum süssen
Sonnen-
Heime

Wo's Birkchen sitzt
und eine Schöne
auf dem Thron

5.14
Recke dich
strecke dich
Kätzchen

In wohligen
Schlummer gegossen
liegst du

bis der Gedanke
dich antickt
Futter zu knacken

5.15
Mit liebevoller Güte
wollen uns die Götter
heimwärts führen

Wir nähern uns
dem Glanz
der Reinen

wenn wir einander
Heil und Heiterkeit
vergeben

5.16
Die Sonne grüsst
die Herzensströme fahren
durch's Licht dahin

Leis, leise
Zärtlichkeit berührt
dein Sehnen

Seligkeit seh ich
in deiner Augen
blauem Blinken

5.17
In fabelhaften Zügen
zieht uns die Lebenslust
hinan

In Wundern
fliegen wir
durch wonnevolle Zeiten

und schöpfen
aus der Fülle
göttlichen Elans

5.18
Vom Lichtsein
will ich dir erzählen
blühender Jasmin

Vom Sonnenstrahl
der deines Herzens Einfalt
streichelt

und die
Seligkeit entflammt
in deinem Dich-Begründen

5.19
Vollendung kostet
wessen Seele ihre
Zauberkraft berührt

Das Leben
führt uns in die seligsten
Gefilde

wenn wir
seine Stimme
recht begreifen

5.20
Betupft vom Schweigen
weilt die Seele
in der Morgenfrüh

Des Lebens Seligkeit
erfüllt ihr Sein
und lässt sie

mit der
Liebe
Freuden tanzen

5.21
Eine Woge
strahlender Beglückung
strömt dir zu

Reinen Sinnens
trag ich deine
Gegenwart im Herzen

Sei in deiner Würde
vor den Götteraugen
licht und schön

5.22

Im Morgenlicht gebadet
eilt die Seele
Freudenfeuern zu

Komm an mein Herz
geliebtes
Wesen

ich bin
dir
innig innig gut

5.23

So kostbar sind
die Tage die wir heiter
im Gemüte tragen

Kinder der Natur zu sein
und des
holdseligen Vereinens

welche Gnade
welche Lust im
Hochgesang des Lebens

5.24

Deines
Seinsgewissens Züge
schau ich an

Deines Wachsens
zart geformte
Bünde

Deine graziös
um mich geflochtne
Harmonie

5.25
Augenaufschlag
eines Mäuschens
in der Früh

Aufgerolltes
Ringelschwänzchen
in der Grube

Kornfeldfrühstück
wo die Katze
nicht vorbeispaziert

5.26
Deinem Näschen, deinen Äuglein
sag ich freundlich
guten Tag

Die Sonne spendet uns
das Licht der milden
Morgenröte

und besänftigt
was wir sind
in unseren lieben Nöten

5.27
Das „Ich Bin"
erstarkt in mir
am schicksalhaften Leben

5.28

Die Häslein falten ihre Pfötchen
derweil die Sonne aufersteht
und unsre Herzen sich erheben

Eine Nachtigall putzt ihr Gefieder
Giulietta macht sich schön und
Romeo singt seine Lieder

Gross steht der Tag im Licht
um alle Wesen zu erfreu'n
auf ihrem kreisenden Planeten

5.29

Rasten,
schwingen
wie des Adlers Flug

Gezähmtes Sein
in
holden Armen

Des Lebens meisterliches Spiel
im wunderbaren
Sich-Begreifen

5.30

Nie versagen
die Gebete deiner Seele
sehnsuchtsträchtig

Deine lichte
Heimat
ist so nah

im heitern Hiersein
wo die
Liebesträume blinken

5.31
Einmal schlafen
müssen die Äuglein
bis die Ferien erblühn

Wunderwerke
sollen sie dann
schauen

in
glückerfüllten
Sonnentagen

5.32
Ich Bin Es
an dieser Stelle
des Erscheinens

5.33
Im Leben der Alltäglichkeit -
das Glück der Sterne
unversehrt in Seelengründen

Reiner Liebe
zärtliches Umfangen
schützt den Keim

der – in dir wachsend –
Blüte wird
des Wunderbaren

5.34
Rascheln früh am Tag
im Kämmerlein
ein Mäuschen

Flitzen
über sonnenhelle Fluren
eine Schwalbe

Auf dem Ästchen der
Gesang vom Kuckuck
Glück herbeizurufen

5.35
Romeos Mündchen flüstert
einen Gutenmorgengruss in
Giuliettas Öhrchen

Wunderdinge öffnen sich
dem Augenblick
an diesem Tag

der
hunderttausend
Möglichkeiten

5.36
Aus dem Traum
der Nacht
ins Morgenblühen

Leise spinnt
die Sehnsucht
ihr beglückend Lied

ins
lächelnde
Gemüt

5.37
Aufgestellten Öhrchen
sing ich eine
Fabelweise vor

Das Rund der Welt
ist einem Garten gleich
im Vogelblick zu sehn

voll Blümchen
will
mir scheinen

5.38
Friedenszweige
gleiten
vor uns auf und nieder

Schön geglättet
sind die
Stundenläufte

durch die
Seligkeit des Daseins
dort und hier

5.39
Dem Netz entronnen
badet sich die Seele
in der Freie Wohl

Die Ängstlichkeit verschwindet
wo die Wimpel sich
im Winde drehn

nach
neu erschlossnen
Herrlichkeiten

5.40
Wir sind
Betuchte
wundertätiger Gefühle

Sinn um Sinn
eröffnend
in der

benedeiten
Morgen-
feerie

5.41
Fromm und zärtlich
ist der Seele
Danken

für die
Lebenswunder die ihr
noch und noch geschehn

in
reich
erfüllten Tagen

Der Liebe ergeben
in Liebe
vermählt

mit
einem
wonnevollen Herzen

5.42
Die Sternlein bet' ich an
in ihren
hohen Nächten

den Wind
der kühl um
meine Lenden streift

wie meine Giulietta
schwimmend
im Madonnenlächeln

5.43
Ich spreche Glanz und
Zärtlichkeit in
deine Sphären

An meinem Herzen
ruht dein Sein
von Sommerwind

und Sonne
liebevoll
umwunden

5.44
Ich umfange dich
mit Glück und
Herzensfrieden

Des Liebelichts
unnennbar süsse Schöne
öffnet dir den Weg

ins Paradies
der
hunderttausend Seligkeiten

5.45
Lebend'ger Tag
ich eile
dich zu grüssen

Die Kunst zu leben
schenkst du mir
wenn ich dich liebe

das Gewand der Freude
wenn ich im Herzen
zu dir steh

5.46

Das Herz in Wehmut
die Gedanken voll Nerv
dem Neuen entgegen

Ich trage Blüten
vor dir her in
deinem Beben

sei nicht bang
du bist behütet
lebelang

5.47

Liebevolle Seele
eine Blumeninsel
im Lebensmeer

Aurora die Gütige
erhebt sich
über sie

mit ihrem
unermessnen
Rosenstrahlen

5.48

Du gehörst der
Gilde der Gerechten an
im Seelenkämmerlein

wenn du dem Sein
in Traulichkeit
dich öffnest

lieb
und
wunderbar

5.49
Well an Welle gilt
von Güte
deinem Wesen

Reine Zartheit
nährt
mein Sinnen

deiner
Sanftmut
zu

5.50
Licht und Frieden
send ich deiner Zelle
in der Morgenfrüh

Wie die muntre Quelle
murmelt uns
der Tag

das Lied der Anmut
in des Seelenseins
glückselige Natur

5.51
Im Rausch der Tage
rauscht mit uns das Leben
liebevoll dahin

Den Ozean zu kennen
sehnt die
Seele sich

des Seins
in
wunderlicher Stille

5.52
Ins Kosmische gefügt
ist
unser Ringen

Von Herz-
zu Herzlichkeit
erfüllt sich

unser Sein
in
meisterlicher Bonität

5.53
In ihrem schönsten Kleide
stehn die Bäume gelb und rot
sie sterben einen leichten Tod
und wissen nichts von Leide

Herbst, kühle mir das heisse Herz
dass es gelinder schlage
und still durch goldgewirkte Tage
hinüberspiele, winterwärts

5.54
Den neuen Zeiten
gib dich
gläubig hin

Es heben uns
die Lebensgeister in
die Welt der Freie

wie des
liebenden Gerechtseins
wunderbar

5.55
Güte, Licht und Frieden
im
holdseligen Umfangen

Deines lieben Lächelns
Zug
in meiner Seele

lässt
die Freudenwimpel
wehn

5.56
Auch jedem Ende
wohnt
ein Zauber inne…

Entzückt gewahren wir
der Lebenswege
sagenhaftes Ziel

im
wachen
Zeitbeschreiten

5.57
Leis, leise singe du
mein Herz
das Lied

der
treuen Liebe -
Verbündete der Sehnsucht

himmelwärts
dass sie mir
unverbrüchlich bliebe

5.58
Eine sanfte Melodie
dir vorgesungen
in der Morgendämmerstunde

Gedankenbilder
voller Schönheit
deinem Wohl geweiht

derweil die Wellen des
holdseligen Gemüts dich
liebevoll umfangen

5.59
In lautrer Winterstille
glüht das Herz
von Liebe

Im Durchströmen
deiner Welt
mit Güte

kostet es
den Zauber
zärtlicher Glückseligkeiten

5.60
Vor deiner Seele öffnet sich
das Land der
Lieblichkeit des Lebens

Von Lichtern gross und
strahlend wird sie zur
Besonnenheit geführt

und gleitet in der
Harmonie des Friedens
liebelicht dahin

5.61
Dem Klang
des neuen Jahrs
das Herz zu öffnen

heissen uns
die Stimmen
der Natur

im
wohlgemessnen
Vorwärtsschreiten

5.62
Der Morgen
zur
heiligen Nacht

Trink
Giulietta
den Gesang

aus
Meines Herzbluts
liebevollem Strömen

5.63
Im Sein der Liebe
tritt das Leben in
Vollendung vor uns hin

Die Zärtlichkeit des Samens
hat sich aus der Erde
Schoss erhoben

zur entzückenden
Gebärde eines
Blumenglöckchenspiels

5.64
Santa Tulipa
im Bluescht
auf
unserm Maiensäss

Das Zwitscherspiel der Vögelein
die Königskrönchen und die
flanierenden Schnecklein im
Geäst der Koniferen

Jeder Tag ein Fest der
sprossenden Natürlichkeit
und mitten drin natürlich
wir, die so Beglückten

5.65
Die erste Rose
macht sich für
Giulietta schön

Ein Blühn in
Unschuld, ein
Leben in Verspieltheit

Ach wie gern
kommt da das Herz
dem süssen Taugenichts entgegen

5.66
Aurora sendet
Licht in deine Seelengründe
Tag für Tag

Die Freude
spürt dich auf und
lässt dich jubeln

in der Freundlichkeit
des
seingewordnen Lebens

5.67

Hier ist der Name Romeo
angetippt, ein härzigs
Blümchen schaut ihn an
und wünscht ihm
köstliches Gedeihen

Die Winterwinde heulen
schon in ihren Höhlen,
doch die Sonne lächelnd

spricht: gemach, gemach, noch spend ich
meine Wärme von den Höhen,
brech' ich durch Wolkenbänke,
zaubre Heiterkeit auf die Gesichter
mit dem golddurchtränkten Strahl

Das sollt ihr wohl bedenken,
liebe Leute, wenn ihr durch die
Felder flannelliert. Ich lichte
auch Giuliettas Herz und
sag ihr zärtlich
lebe wohl

5.68

Reizende Gespinste
verhüllen uns
das Sein

Wir leben
in der Glorie
des Gottgewissens

wie im Märchenduft
von
heubesäten Wiesen

In ihres Engels Obhut

6.1
O sole mio
liebe Giulietta

Deiner Augen Funken
glänzt mir wie der
lichte Sonnenstrahl

Wie die Tage schön sich finden
wenn wir miteinander gehn
durch Wiesen, Stoppelfeld und Wäldchen

Bächleinrauschen und
geheimnisvolles Raunen von den
Wesen der Natur

Wie danken wir dem Himmel
dass wir *sind*, zu schauen seine
Herrlichkeit in sel'ger Harmonie.

5705
22.3.97
In ihres Engels Obhut
schlummert Giulietta
selig ein, den

Hochgesang von
Gottes Herrlichkeit
im Herzen

Voll Liebe legt sich
Romeo an ihre Seite nieder
und vermählt sich
ihrem Wesen wunderbar

6.2

Das Buschwindröschen
ist so rein und schön
in seiner Unschuld

In geschwisterlicher
Eintracht lebt es an
den Wiesenborden

und beglückt das Herz
des Wandrers im
Flanierengehn

6.3

Die fabelhaften Blümelein
sind unsrer Freude
liebenswerte Zier

Ob gross, ob klein
ob fett, ob dünn
ob bunt, ob bleich

sie alle sind in ihrer Anmut
Unschuld und
Gediegenheit dem

Staunen unsrer
Augensterne
hingegeben

6.4

Die Oleanderblüte
leuchtet uns in ihrer
Unschuld liebevoll und
zart entgegen. Wärme,

Sonne, Trunkenheit des
Lichts ist ihres Seins
beglückende Devise

Im Spiel der
sanften Lüfte formen
sich die Blättchen wie
zum Windrad ganz
versonnen in der Sehnsucht
sich einwenig umzudrehn

Weit im Süden wohnt
sie, wo die Tage heiss,
die Nächte lau sind und
die Liebenden sich lang noch
aneinanderschmiegen

Ist das Tor zum Paradies
mit ihr geschmückt soll's
uns nicht wundern, wenn
wir selig dann
daran vorüberschreiten

6.5
Das Stillesein
verklärt den Morgen
in der Herzlichkeit des Weilens

Friedevoll und zärtlich
kuschelt sich
ein Taubenpaar

ins
Nestchen
der Holdseligkeiten

6.6
Weihnacht

Der Liebende durchsonnt
mit Seinem Lichte
alles Leben

Er wird
Sein Werk
im Zeitenlauf

getreulich
an der Menschenwelt
vollenden

6.7
Dem
Geschehnis der Geburt
sind wir

als Wandernde
zum wahren Licht
verbunden

worin
die Wunder Seiner Weisung
sich erfüllen

6.8
Was wir an Güte
Tag für Tag
verströmen

bringt uns
dem Friedevollen
nah

das wir so sehr
im Seelensein
ersehnen

6.9
Dem Sinnen folgt die Tat
dem Weilen an der Krippe
das Erheben

zum Aufbruch
in ein neu entfachtes
Wollen

eine
weltumspannende Gebärde
reinen Mitgefühls

6.10
Das Menschenvolk
ist hier versammelt
als e i n Wesen

das im
befreienden Erkennen
höhwärts strebt

ins
Bewusstsein
der All-Einheit

6.11

Dies Bild
verleiht uns Kraft
im Vorwärtsschreiten

sein Zauber
hält uns
auf der rechten Bahn

zum
freudestrahlenden
Versöhnen

6.12

Die Liebe ist
ein
Angewöhnen

ein Langen
nach dem
wahrhaft Schönen

das
verborgen
ins uns blüht

6.13

Von Mensch
zum Menschen
soll das Lied ertönen

das
ewiger Heiterkeit
entspringt

in
wundertätigem
Bewegen

6.14
Es liegt
im
weihnachtlichen Weben

im
feierlichen
Kerzenscheinen

ein
Verbinden
licht und schön

6.15
Fein
gefühltes
Sich-Vergeben

an die
Lieblichkeit
des Festes

seelenvoll
und
heiter

6.16
Gläubigkeit
im
stillen Weilen

Reinheit
der
Gedanken

der
geneigten Seele
offenbar

6.17
Dort geschieht
das Wunder
der Erlösung

wo die
Menschen sich
voll Güte

im
geschwisterlichen Tun
Glückseligkeit verschenken

6.18
Im Morgenliedchen grüss ich dich
mein Fräulein von der Pfalz
und frag dich froh und liederlich
um einen kleinen Walz

Da geht's dann um und um und um
auf dem Parkett auf Reisen
ganz ohne jedes Publikum
in wundervollen Kreisen

Es lacht das Herz, die Haare wehn
dem Romeo entgegen
und was die muntern Äuglein sehn
ist lauter Lieb und Leben

6.19
Ein Gleichnis der Geduld:
zwei Äuglein die
in Himmelweiten sehn

Sie stossen nimmer an
und können immer weilen in
der verblauenden Lasur

Das Herz spürt Ruh
und eine namenlose Seligkeit
im Unermesslichen

6.20
Ein kühler Morgen
mit dem vollen Mond
im Stillestehn

Ein Fest
der Lauterkeit
im Seelensein

der
tausend
Variationen

6.21

Des Morgens Hauch
berührt die Seele
– schlummernd noch –
sie zu erwecken

Du öffnest
leis bewegt
der Äuglein Tor

Da schaun wir uns
voll Liebe
an

und unser Heim
ist eine Welt von
friedevoller Harmonie

6.22

Die Häslein beten
ihren Morgengruss
zum Himmelvater

Die Menschen trinken
rabenschwarzen
türkischen Kaffee

und begackern wohlig
ihre Welt, wenn sie ihn
ausgetrunken

6.23

Im Geheimnis deiner Nächte
spenden dir die Himmelsmächte
neue Kraft
das Tagwerk zu bestehn

Es strömt in Deine Seele schön
im Fluss der Zeit die Labung
die sie braucht zum Weitergehn

und um in Freuden dazustehn als
Engel des Beglückens
in beschwingter Herzensharmonie

6.24

Das Leben geht weiter
seinen kuriosen Gang
Die Menschen balgen sich
um ihre Rechte und lassen sich
von der Gewohnheit durch die
Tage stossen

Doch brennen stille Flammen
vor sich hin, der Ehrfurcht vor
dem Leben, des Mitleids
und der schaffenden Geduld
das Leid zu lindern

So wird allmählich alles gut. Und
die Gesetze der Natur erfüllen
sich im ewig Wunderbaren

6.25

Auf leisen leichten Füssen
schweb ich deinem Wesen zu
es freudig zu begrüssen
am Saum der nächt'gen Ruh

Komm in den Tag, will ich dir sagen
wir haben einen weiten Weg zu gehn
und viele Dinge zu erfragen
bis wir ihr wahres Sein verstehn

und dankbar sind für ihr Begleiten
an dem wir wundervoll gedeihn
und vielen Wesen Freud bereiten
in lichterlohen Wogenei'n

6.26

Eine Rose möcht ich pflegen,
lauschen ihres Blühns Gesang
und im schönsten Herzensregen
sie fürwahr ihr Lebelang

ganz mit Zärtlichkeit verwöhnen
wo sie immer geht und
steht und mit aller Welt versöhnen
wie der Wind auch immer weht

Sie mit ihren blauen Augen
will ich wie ein Wunder sehn
und mit zuckersüssen Trauben
selig lächelnd zu ihr gehn

Um mit ihr das zu geniessen
was die Seele sich ersehnt
in der Wonnezeit Zerfliessen
leichten Herzens angelehnt

6.27

Voll Seligkeit und Ruh
ein Strömen sonderbarer Güte
in dein innerstes Gemach

ein Staunen ob der
Augensterne Pracht und
eine Geste sanften Sich-Vereinens

Wir fliessen in den Tag
und strahlen, was wir sind, in
die Unendlichkeit der Sphären

6.28

Wer weiss wie viele
Katzenäuglein schon erwacht
sind in den Frühlingsgärten,
wer weiss wovon sie träumen
wenn sie unverwandt den
azurblauen Himmel sehn

Sie sind so lieb, sie sind so
schön in ihrem stummen
Blinken und viele Sonnen-
stäubchen wollen voller Lust
in ihre Kelchlein sinken

Wie warten noch und singen doch
schon von den warmen Tagen,
wo alles grünt und jubiliert
im sehnsuchtsvollen Höhwärts-Ragen

6.29

Verflogen ist die schöne
Osterlächelzeit
nun geht's ans Werken wieder

Die Ampullen gluckern
Pillenschlucker tauchen auf und
sehn uns an mit hohlen Augen

Doch wir erleben unverwandt
im Herzensraum
das prächtige Sonnenscheinen

und lassen es galant
ans Volk der Gläubigen
verströmen

6.30

Das Veilchen, in die Wiesen-
börder integriert, ist so ein
Schätzchen von Genügsamkeit,
Bescheidenheit und
freundlichem Begrüssen,
dass wir wie gebannt vor
seiner Schönheit stehen bleiben

In wohlgesetzten Grüppchen
lässt es sich's im halben
Schatten gern gefallen, dass
man es bewundert und
verwöhnt mit zärtlichem
Hinüberblinzeln

Besonders Giuliettas Herz
ist ihnen zugetan und
wirbt um sie, dass sie

sich, wo sie still vorübergeht,
in extra grosser Zahl
vor ihr versammeln

6.31

Singe, wem Gesang gegeben
schweige, wer im kühlen Wind
seiner Stimme muntres Leben
hat verdorben, pfeilgeschwind

Wer sie wieder hat gefunden
soll dem Himmel dankbar sein
dass in hoch und niedern Runden
jeder darf des Tons sich freun

Der aus seinem Mündchen sprudelt
und der Welt sich bietet an
vollen Herzens, das da jubelt,
weil es wieder singen kann.

6.32

Silberstreif am Horizont
jeden hellen Morgen
wenn die Seele sich besonnt
in sich selber wohlgeborgen

Ein verklärtes Lächeln steht
stets auf deinen Zügen
wenn es fröhlich aufwärts geht
in des Lebens weisem Fügen

wenn die Sternlein und der Mond
und die Sonne wieder scheinen
und die Wonne bei dir wohnt
im holdseligen Vereinen

6.33

Die süsse Tulipa
von Gottes Gnaden
schenkt liebe
Grüsse in die
Äuglein Giuliettas

dass sie glänzeln,
dass sie tänzeln
und die Welt auf's
trefflichste verstehn

in ihrem Werden
und Verbergen, ihrem
Weben und Vergeben
ihrem wonnevollen
Weitergehn

6.34

Maienglöckchen,
Frauentränen,
reizende Gehänge, schön in Reih
        und Glied gemäss
        der Phantasie der

Schöpferkräfte
die uns Tag für Tag
ihr wundervolles Beispiel geben. O, wie
        ist die Welt so schön
        der schmucken Gärten,

mit den blauen Lilien
die mit fein geformten
Händen, wie zum Dom gefaltet,

ihr Geheimnis
hüten, mit dem

so verspielten, gelb
und roten Mohn

In Liebe murmelt Romeo all dies
der süssen Giulietta
ins hingeneigte Öhrchen

6.35
Hoppla hopp, Giulietta
aus dem weichen Kahn
gesprungen und ein Liedchen
abgesungen

Eines für die Grossmamma,
eines für den Grosspapa
eins für alle Kinder
eins für dich und mich
in dem Liederreigen und

noch
für den Gänserich
auf der Gänseweiden

6.36
Auf einem Bündchen Stroh
liegt sie, die funkelnde
Erdbeere und wartet, dass
man sie vernascht mit
übermütigem Vergnügen

Nun weiss ich wie, nun
heiss ich sie, sich mir

ganz zu ergeben und ganz mit
mir im Zirkus Knie
ein Wunder zu erleben

Sie wird so rot, sie wird so
mild in ihren süssen Träumen
und ist ein zartes Frühlingsbild
in meinen Dichterräumen

6.37
Die Lieblichkeit des
neuen Tags schenkt sich der
Zeit in der wir leben.

Wir schreiten heiter und
gelassen dorthin wo der Weg
uns führt

und lassen uns von keinem
noch so wilden Fuchteln
je ins Bockshorn jagen

6.38
Trau dem Himmel deiner
Augen Wunderkräfte zu im
Traulichkeit-Verbreiten

Sprich das grosse Amen in
die Runde deiner Kür
im Wegbereiten

Deiner Hände Wohllaut
wird Beglücken ins
Erwarten tragen

6.39

In reiner Unschuld schauen
dich die blauen Katzenäuglein an
und grüssen dich und wollen
dir die Lebenszeit versüssen

Wie denn, es mag gewittern
oder toben, in stiller
Gartenlust sind wir allein
bei unsern Blümchen
aufgehoben im schauenden
Glückseligsein

Wir wandern weg und wandern
zu auf alle sieben Arten
und finden doch erst wieder
Ruh im süssen Blumengarten

6.40

Rast im Grünen
Rast im Dörfchen mit dem
stillen Caféplätzchen
Rast im Hand in Hand durch
morsche Gässchen gehn

Ausgerastet
Eingerastet in den Zauber
der Bretonen

Wo Merlin sitzt und
Lancelot die Äuglein
spielen liess für
eine hübsche Dame

6.41

Ritter lobesam poliert sein Pferdchen
und versetzt es in den Zustand
der erwartungsvollen Ruh

Bald wird es mit Sack und Pack
beladen durch die Gegend traben
und die Nase in die fernsten
Winkel stecken

Wir auf seinem Rücken laufen
mit und fassen alle Schönheit
dieser Welt in eins zusammen voll
Entzücken und geniesserischem
Wohlbehagen

6.42

Vom Aufgang bis zum Niedergang
Festina in der Sonne
und ist es kurz und ist es lang
es ist doch eitel Wonne

was wir im Grund so alles treiben
in sportlich bunter Ferienzeit
und uns die Süsse einverleiben
die man uns vor das Mündchen treit

Trari, trara, es ist genossen
und lässt uns strotzen nach der Kraft
die wir durch's Jahr hindurch vergossen
im Strampeln, Trampeln unbedacht

6.43

Der helle Tag ist angebrochen
die Morgenwinde stehn noch still
und Giulietta, aus dem Bett gekrochen,
macht vorderhand noch gar nicht viel

Bald wird die Sonn zum Himmel sausen
es klappern tausend Räder in der Mühl
und die Genannte wird bald Brausen
ins städtische Verkehrsgewühl

So geht's, so steht's zur Zeit hinieden
man rackert sich für's erste noch
bis dann, im Gärtele geblieben,
die Freude in die Seele kroch

6.44

Einen Sommersonnentag geniessen
ging ich aus und kehrte voll von
Wärme und Begeisterung wieder

Alles geht mir leicht und
flüssig von der Hand in diesen
wonnevollen Tagen

wo der Himmel seine Güte
in die freudenvollen
Menschenherzen strahlt

6.45

Herr
in deiner Güte
lenkst du alles, was ich
in Dir bin, zum Guten

Was ich erstrebe
wird zum Streben
Deiner Herrlichkeit entgegen

Im Zuge des Vereinens
aller Gegensätze tret ich
voll Vertrauen
vor Dich hin

6.46

In Hoffen und Bangen
den Frieden erlangen
mit glühendem Herzen
sollst du

In Freuden dich winden
in ewigem Finden
sei deiner Beschäftigung
Ziel

(Leitvers für die Vigil
von St.Ludwig, an der die
Sterne heller glänzen, damit
alle Wesen seines Liebeshimmels
Herrlichkeiten sehn.)

6.47

Mitten stehen wir
im Wunderwirken
der Natur und
fassen uns mit ihr
in eins zusammen

Blühend trägt sie
Jahr für Jahr die

Freude uns des
Da-Seins still ent-
gegen, dass wir
selig staunend
voll Bewund'rung
vor ihr weilen

Was ist die Liebe denn
als ein beredtes Grüssen
aus des Herzens Gründen
einem liebevollen Antlitz zu

6.48
Wonne des Lebens
im Nebel der Zeit
ein Phänomen von
Freudenlicht und Strahlen

Liebliches Beisammensein
der Wesen in der
friedevollen Heimlichkeit
der guten Stube

Lächelndes Geniessen
der Beschaulichkeit
in der gleichgestimmten
Ruh

6.49
Nun hab ich eins
gefunden für deines
Herzens Schrein und
hab es angebunden an
dein Glückselig-Sein

Nimm es in tausend
Gnaden von mir herzinnig an
um es mit dir zu tragen
als echten Talisman

der all dein Sein und
Leben in Helligkeit
bewahrt und deiner
Tage Streben mit
meinem wunderbar
verpaart

(Ein vierblättriges Klee)

6.50
Ich flecht Dir
Buntlaub ins
gelöste Haar vom
lieben Herbst
in milden
Sonnentagen

Helle Freude
Blätterrascheln
soll dein Herz durch-
ziehn und leise
Wehmut ob soviel
an Schönheit in
der abschiedflötenden
Natur

Ein Blatt leg ich
auf deine Lippen
einen Gruss und
eine ganze Seele

6.51

Kommt ein Herr von Ninive
kommt von Gumpelshausen
hat ein linkes Augenweh
und ein Ohrensausen

Giesst man ihm den B-Tropf ein
ist er schon genesen
und vom lieben Schwesterlein
dazu auserlesen

auf der Lebensfreude Spuren
hinzuhüpfen hier und dort
über Wiesen, Auen, Fluren
ein glückerfüllter Sapperlot

6.52

Eine Wiege, eine Ziege, ein
Glas Wasser, ein Stück Brot
mehr ist nicht vonnöten
für des Menschen Lebensnot

Helles Singen, hüpfen, springen
Heiterkeit von Tag zu Tag
fördert glückliches Gelingen
das sich rasch verbreiten mag

Und den Vielen zum Genügen
auf der Schlichtheit reiner Spur
sei ein seliges Vergnügen
in der heiligen Natur

6.53

Schlaf
als Erwachen
in die Welt der
reinen Harmonie

Erwachen als ein
Tauchen in die
Illusion der Wirklichkeit
in der die Menschen leben

Seelenfreiheit
sucht die Sehnsucht
ständig
zu erfahren

wie Beschwingtheit
in des reinen Seins
unendlichem
Bewahren

6.54

Ein Tanz, ein Tänzchen nur
im turbulenten Reigen
eine Geste der Verbindlichkeit
ein Lächeln jedem stillen Weh

Und schon ist's Abend
wo die Sterne glänzen und das
schlichte Zimmerchen uns Heimat ist
und Himmel der Glückseligkeit

Ein Leben voller Anmut kreist uns ein
ein Sich-die-Waage-Halten
des Gemüts im Traulichen
in Weisheit und verschenkter Herzensgüte

Im Löwenzahn liegt Stärke

7.1

Im Löwenzahn liegt Stärke
im Zanderfilet Macht
und dass der Zahn sich merke:
für Kalkstein ist er nicht gemacht

Von diesem halte man ihn rein
mit zahnärztlichen Künsten
und schneide tief ins Fleisch hinein
ist es zu Zahnes Günsten

Bald hat er wieder ritscheratsch
das Birchermus zerbissen
das man ihm in gekonntem Klatsch
in Teller hat geschmissen

7.2

Aufblühn nach dem Winter
stillen Duldens,
lächeln nach
dem Zwang zum schneegerechten Gehn

Die gelöste Seele lässt die
Schönheit glänzen auf der Wange
der Genügsamkeit

und bettet sich
getrost
in seelenvollen Frieden

7.3

Am Saum des Jahres
tiefe Dankbarkeit
für das Erlebte
wie die Freude an der
Kraft des Schaffens
in der Lebenskür

7.4

Ein Jahr
der tausend Möglichkeiten
öffnet sich der Phantasie
Wir dürfen wählen und ergreifen
was uns frommt und was den Welten
nützlich ist von Tag zu Tagen

Singen wir die Melodie der Eintracht
und des guten Willens, strömt
die Freude uns ins Herz und alles
ist vollendet was wir tun im
vielbewährten Seinslabor

7.5

Wir wollen am Leben
erwachen
von Tag zu Tag
im steten Vorwärtsdrängen
nach dem Freudenlicht
des wahren Seinsempfindens
wie des Seligseins
im Losgelösten

Trauen und Vertrauen heisst
sich in gerechter Weise sehn
im Unermesslichen das
unsre Heimat ist und
unser wonnevolles Ziel

7.6
Man gräbt und gräbt
die Seele auszugraben
und findet nichts
als Blablabla
und will das Graben weitertragen
von Grosspapa zu Grosspapa

Nur das Erkennen kann hier helfen
dass höherer Wesen lichter Chor
sich uns verströmt
und im Verschenken
gehn dann die Seelen d'raus hervor

indem sie, uns umwebend, sind
Gefühl und Denken ohnegleichen
womit wir in des Geistes Wind
Vollendung doch erreichen

7.7
Tugendhaft und leicht benommen
steht das hübsche Mädchen auf
um sich an dem Badebronnen
herzurichten für des Tages Lauf

Hier ein Püffchen, dort ein Zwickchen
tragen viel zur Anmut bei
die man mit sovielen Trickchen
braucht im hehren Einerlei

Dann hinaus zum frischen Morgen
rasch ein Sternenblick getan
und man fühlt sich wohlgeborgen
auf der trauten Lebensbahn

7.8

Zahn um Zahn und Zell an Zelle
wird man an der rechten Stelle
auf's allerbeste repariert

Nach dem Funkelmessertanze
glänzt in alt bewährtem Glanze
das Gebiss recht ungeniert

Da ist nur noch Glück zu wünschen
nach der teuren Bohrerei
und für's viel geschundne Münd'schen
ein bekömmlich warmer Brei

7.9

Schon winkt die Maja
mit den lieben Blümelein,
die Erde lüftet ihr Geheimnis
und lädt uns herzlich dazu ein
ihr neu erblühtes Antlitz zu bewundern

Bald schnattert uns ein Gänselein
den Freudengruss entgegen
und watschelt süss von Bein zu Bein
in seinem Vorwärtsstreben

Und alles ist so nett und froh
im sonnbeglückten Hofe
dass wir auf's Mal sind ebenso
verzaubert wie zwei Gofe

7.10

Wer rumort in unserm Laden
in der Dämmerstunde schon
s'ist der gute alte Goethe
durch das Morgentelefon

Seine strengen Verse klingeln
mir direkt ins Herz hinein
gleich dem süssen Glockenbimbeln
beim delikaten Gläschen Château-Wein

Da wird alles noch viel schöner
was der neue Tag uns bringt
und was die Seele hoch und höh'ner
in die Lebensgassen singt

7.11

Sie blühn und glühn
wie unter Palmen
die allezeit Gesegneten
der eigenen Natur

Sie richten Freuden an
und spüren was sie uns getan
in ihrer Zartheit
Emsigkeit und Tugend

Die Herzen ziehn sie sich
im Nu in ihrem heilen
Winkel zu und wiegen sich
in freudigem Erbeben

Wintertrost und Frühlings-
glaube wollen wir sie
nennen und voll Staunen
ihre Lebenslust besehn.

7.12

Stets ein Findelkind im Leben
eine Waise jeden neuen Tag
und immerzu dasselbe Streben
das uns ins Sein erretten mag

Ein jeder Abschied eine Wunde
ein feiner Schnitt ins warme Herz
und jedes Willkomm ein Gesunde
von einem unbestimmten Schmerz

Nur, dass wir alles mit der Liebe Armen
in heller Dankbarkeit umfahn
und stets an ihr auf's neu erwarmen
so ist das schönste Menschenwerk getan

7.13

Nach dem Frühlingserwachen
sehnt sich so dein Herz
nach den lieben Veilchen
dort am Wegrand in der
angenehmen Waldpartie

Welche Freude, der
geliebten Vögelein Gezwitscher
anzuhören und den

Sonnenschein zu spüren
überall im Ländchen
durch den weihevollen Tag

7.14

Wache, wenn du erwachst,
an deines Herzens Toren
dass kein Unheil es beflecke
durch den figalanten Tag

Magst du dein Werk
in Sanftmut und Gediegenheit
vollbringen, Kraft verströmen und
erflehn in reichen Massen

Dann ist alles gut
Die Heiterkeit wird in dir leben
wie die Wonne wunderbaren
Weltverstehns

7.15

Blume Liebe
Kelch der Güte
innigen Begreifens

Lauterkeit des Lebens
in der Gegenwart
der Harmonie

O Seligkeit des Da-Seins
auf dem
Friedenspfad

7.16

Primavera in spee
in wunderbar dezenten Farben
im figalanten Sonnenstrahl
voll Wärme
lichtvoll im Verspielen

Schneeglöckchen
Maiglöckchen
Buschwindröschen

Violettas,
Schlüsselblümchen und
die süsse Tulipa

beleben unser Gärtchen und
ein fesches Gänschen
schnattert selig vor
sich hin

7.17
Nun sing ich im Guten
und singe ich im Schönen
ein wackeres Liedchen dir zu

Gar lieb mag es tönen
gar neckisch und heiter
in deiner erhabenen Ruh

Die Geister erwecken der Anmut
die Geister der Liebe
soll es und soll auch
bezwecken, dich heiter zu
stimmen in jeglicher Art

Denn du bist die Schönste
die Holde in Herzens
Bewegen, bist immer die
Liebste im buschigen Haar

7.18

Meine Liebe lässt dich grüssen
von des Herzens heiterm Hort
singt, die Zeit dir zu versüssen,
alle deine Sorgen fort

Und bewegt dein Sinnens Schöne
mit so manchem Zauberwort
das zum Lied wird durch die Töne
die dir danken immerfort

Für so manche reiche Stunde
die wir in der Lebenswelt,
dass das Herz daran gesunde,
feiern durften lieb gesellt

7.19

Reich an Leben
reich an Tugend
reich mir deine liebe Hand

einen neuen Tag zu weben
im geliebten
Menschenland

Rein beginnen
reines Sinnen
soll der Seele Wahrspruch sein

Immer weiter
immer heiter
edlen Herzens mein und dein

7.20

Ein Schneehuhn sitzt im Weissen
und gackert vor sich hin
hat nichts zum Schnabelbeissen
und nichts im leeren Sinn

Da kommt ein Aar geflogen
wirft ihm ein Würmchen zu
das hat es eingesogen
zur süssen Magenruh

Die sich ihm rasch verbreitet
im warmen Hühnerblut
was sein Gegacker weitet
zum Ruf: wie ist die Welt so gut

7.21

Eine Veilchenspur am Wegrand in
Naturas Garten, eine Saat
von Buschwindröschen im Erblühn

welche Augenweide
an dem zarten, wohl verwahrten
Waldrandgrün

Gar manches gibt's noch zu entdecken,
wenn des Frühlings bunte Pracht
in unendlich sanftem Strecken
sich vom Schlaf ins Freie macht

und des Lichts verehrte Gnaden
wonnesam und froh vergiesst
derweil es sonnenkraft geladen
über Feld und Auen fliesst

7.22

Ich stilisiere diesen noch
zum Freudentag, indem ich
alle Welt beschenke

mit einem Lächeln
einem leichten Trab,
derweil ich fröhlich
an dich denke

Machst du so mit
sind wir schon quitt
in unserm
freundlich Blinken

und dürfen
nach des Tages Ritt
getrost ins Reich
der Träume sinken

7.23

Ein Gänschen, eine Turteltaube
ein gezähmtes Reh sind
Requisiten unsres Hofs, an dem
wir königlich logieren

Täglich eine Prise Sonne und
ein Windchen, süss wie Ananas
durchs Jahr und wunderbar
die rosenroten Oleanderblüten

Trefflich lässt sich's leben im
verspielten Gärtchen der Natur
mit Fliederbüschen, Schnittlauch,
Feigen und Basilikum

Giuliettas Füsschen hört man
knirschen auf dem Kies ums
Sommerhäuschen, derweil die Vöglein
zwitschern ihr ein duftend Freudenlied

7.24
Leichten Sinnes gehn wir
diesem einzig schönen Tag
entgegen, der uns tief beglückt
im Herzenskämmerlein

Mag er uns als Freund begleiten
allem Streben Tatkraft zu verleihn
derweil wir in subtilen Heiterkeiten
uns erheben ins bewusste Sein

wo uns alles wohl gelingt
und die Seele frank und frei
helle Freudenlieder singt
am Saum der Tageslitanei

7.25
Im Atem der Natur ein
wonnevolles Leben,
in jedem Gräslein eine
liebevolle Geste des Gedeihens
die wir glückerfüllt begreifen

Voll Kraft und Güte
feiern wir das Auferstehn
des neuen Tags und lenken so
die Dinge liebevoll zu unsern Gunsten

Freude, Lieblichkeit und Wonne
dürfen wir in uns erleben und
an alle Wesen hemmungslos und
voll Begeisterung weitergeben

7.26
Sie liebt mich, sie
liebt mich nicht,
sie liebt mich
an diesem wunder-
vollen Maientag

Die Blümchen
spriessen in den Wiesen,
der Kuckuck kuckt,
ein Spechtlein
klopft nach Käferchen
derweil die Bächlein murmeln
liebevoll ihr Liedchen

Ist das nicht idyllisch,
kaum zu fassen wie die
Sonne alles wieder
so verklärt und das
Leben uns belächelt
durch die freudenvolle Zeit

7.27
Was die Seele sich erhofft
ist Ruh, ist süsse Ruhe im
Geborgensein, subtile Ruhe
sollen ihr die Tage bringen

Heiterkeit im Land
gestillter Hoffnung, Frieden und
Genügsamkeit sei unser Los
in wunderbarer Zeit der
Lebensseligkeit geweiht

Was wir ersehnten ist so nah
und lieblich und beständig,
wenn wir's nur im Innesein
voll Zuversicht erfahren können

7.28
Von süssen Blümchen
voll das Herz, vom Duft
des Heus in stillen Wiesen
wie vom Lobgesang der
Vöglein in der blühenden Natur

Was dürfen wir doch alles
nun erfahren, Zugeladene
zum Fest der frühen
Sommersonnenstrahlen

Tief bewegt von soviel
Schönheit, freudevoll und
wunderbar gelassen sind
wir reich Beschenkte,

Ahnungsvolle, wie verzaubert
von den lauen Winden, die
uns geschwisterlich umweben

(Romeo und Giulietta im
Garden Eden auf des
Schöpfers Spur)

7.29

Wir weben und streben
mit Drängen und Klängen
zum seligen Lichte
des Himmels empor

Wir lauschen und tauschen
und wagen und tragen
uns selber beständig
zu neuem Erleben

So gross sind die Zeiten
die die uns bereiten
die wachend und segnend
hoch über uns stehn

Wir schauen und trauen
und lächeln und fächeln
uns selber dem Weben der Welten
in Liebe und Grazie zu

7.30

In Zeit und Ewigkeit
Verwandte sind die Menschen
die in denselben Lebenskreisen
sich vertun

Sie haben sich im Geben wie im
Nehmen vieles zu gewähren, was
ihr Sein zum Guten wie zum
Vortrefflichen führt

Des eingedenk sei unser Streben
allen heiter und voll Güte zu
begegnen, um ihres Wesens Wert
inständig zu vermehren

Auch uns selber führt das Leben
sachte zum Verständnis dessen
was wir sind wie zum Gewahren
unsrer seelenvollen All-Bezüge

7.31
Knospe der Verheissung
grandioser Tage
in der warmen,
süssen Sommernäh

Hoffnung auf Erfüllung
vieler trauter Wünsche in
der Sammetsanftmut und
Glückseligkeit Arkadiens

Blümchen pflegen,
träumen, Wasser plätschern
hören in der Wohlgeborgenheit
des Lebens wie den
Kuckuck im
geliebten Wäldchen

Selig wandern wir
durch's Paradies der
abertausend Heiterkeiten

7.32

Am Fänschterli pfiift s'Vögeli
und bringt de Chindli Wörm
und alli offne Schnäbeli
verfüeret es Hungergstörm

S'Müetterli und s'Vätterli
sind fliessig wie zwei Lüt
wo hinder erem Gädeli
vor Wärche wösset nüt

Und erscht wenn d'Chind zor
Sommersziit mit Büchli voll und rund
us erem Näschtli gflogä sind
chunt die ersehnti Stund

Wo d'Eltere voll Glück und Freud
sich uf es Äschtli schwinget
und usem Herzli wiit und breit
entzückti Liedli singet

7.33

Morgentau auf allen Fluren
Stille noch in Wald und Feld
und die Seele auf den Spuren
einer schönen, heilen Welt

Auf den Flügeln reiner Liebe
eil ich brüderlich dahin
wo sich meines Sinnens Triebe
zärtlich einen deinem Sinn

Und dich in den Himmel heben
einer friedevollen Zeit
die bedächtig unser Leben
hellen Seligkeiten weiht

7.34
Ein Röselein
ins Herz hinein
nach liebem Brauch
versprochen

Im Morgenlicht
geflissentlich
vom feuchten
Strauch gebrochen

Da nimm es hin
mit wachem Sinn
als
reine Liebesgabe

Es ist für dich
vom Frederich
die schönste die
ich habe

7.35
Willst Du wirklich weise sein in
deinem Tun, so folge meiner Weisung
in des Herzens Unergründlichkeit
dich zur Gediegenheit zu führen

Mit Anmut reiche deiner Pflicht
die Hand und tanz mit ihr den
Reigen der Alltäglichkeit in
freudigem Gelingen

Deine Wohlgestimmtheit macht die
Menschen froh und führt sie zur
Besinnung auf die Schönheit
einer Welt voll Farben, Formen und Gefühl

Geh aus, den Tag zu segnen und
kehr, reich beschenkt und heiter,
von der Stätte deines Wirkens
wieder

7.36
In der Pracht der Sterne ist
ein Singen, im Erblühn
der Liebe eine Melodie sowie
ein feines Herzensklingen
von der Weltensinfonie

Einem Vöglein zuzuschauen
wie es zierlich sich benimmt
und dem Tagwerk zu vertrauen
was auch immer es bestimmt

Alles ist uns hingegeben
von der gütigen Natur
als Geschenk für unser Leben
auf der Liebe Rosenspur

7.37
Ein Engel zog die Saiten
da ward es heller Tag
der will uns nun begleiten
wie es auch immer lag

Er neigt sich uns hinüber
und will uns herzlich wohl
und wird's einwenig trüber
ist er von Güte voll

und hilft uns weiter gehen
von Ort zu Ort im Land
und auf uns selbst bestehen
v o r allem Weltentand

7.38
Morgenlicht im Grauen
Des Tages Auferstehn
in weihevoller Stille,
in der spriessenden Natur
wie in der Heiterkeit des Herzens
auf der Liebe seligen Spuren

7.39
Spät und spärlich, doch
nicht minder zart und
voller Lieblichkeit
begrüssen uns die
Oleanderblüten

Wo die Sonne sich erhebt
ist eitel Freude in den
Gärten, wo dem Auge
Blumen sich entgegen-
recken, lächelt eine
Seele selig vor sich hin

Was uns
geschenkt wird,
dankbar zu
geniessen, ist uns
aufgetragen

heiter
und dabei mit
leiser Wehmut schon
den Herbsteshauch
zu spüren
unser Menschenlos

7.40
Jeden Morgen
schafft die Sonne
neues Licht heran uns
das Leben zu versüssen

Wieviel Farbenschönheit
hat sie uns damit schon
auf den Weg gegeben
den wir täglich überschreiten

Dankbar sind wir ihrem
Wirken, das uns herrlich
nah kommt aus der
Überschwänglichkeit der Sphären

7.41
Aus den supra weichen Kissen
hat sich ein Öhrchen geschält
-oder zwei-
und eine hübsche Lady

aus dem
süssen Schlummer
ebenfalls
um sich das Täglein
zu Gemüte zu führen

Nun gibt es eine wache Lady
und eine halb verschlafene

Die Zweie suchen dies und das
zusammen, um sich
vor sich selber
zu behaupten

Behutsam überguckt die Sonne
den Rand der Hügel
und beglückwünscht
-alle beide-
zu ihrem zwitterhaften Tun

7.42
Die Morgenruh ist aufgestachelt
vom Gedanken
dass die Pflichten rufen

Emsigkeit beherrscht die
Welt der Dinge und befiehlt den
Tanz ums Dasein in des neuen
Tages Weben

Ach, nur ein Weilchen noch will
sich die Seele in der Stille
stählen und die Lieblichkeit
des Seins in Wonne und
Genügsamkeit geniessen

Stark und tapfer wird sie dann
zum Werke schreiten in der
Menschenbruderschaft in
die sie seelenvoll hineingeboren

7.43

Die Verwandlung der Gefühle
in Gelassenheit und Ruh
macht uns gar viel zu schaffen

Wir brauchen Mut und
Mutterwitz dazu
als allbereite Waffen

Gelingt es uns die Schicksalsstunde
zu unsern Gunsten umzudrehn
vermeiden wir manch tiefe Wunde
im virulenten Vorwärts-Gehn

und lassen Welt und Sein sich fügen
-sei auch des Aufruhrs noch so viel-
zu unserm seligen Genügen
im grandiosen Weltenspiel

7.44

Ein Blümchen blühet wo
im Zaubergarten
und verduftet
seines Wesens Feine

Es ist so lind und heiter
dass ich meine
ich müsst
vor seiner Grazie vergehn

Nun will ich's schätzen
sehr
und lieben bei
allem was mir hold

und will's nach herzlichem
Belieben verwöhnen
mit der Minne Gold
nach Strich und Faden

Lieb's Maieli, liebs Baieli
es hätt i üsem Wald es
munzig chliises Veieli, das
schüchet s'Wätter halt

Drom pflücks und trägs is
Stöbli warm und gib em
wacker d'suufe, dänn chas
em End no oni Harm viel
Woche friedlich schnuufe

Und du häsch Freud am
schöne Kleid, wo's der tuet
präsentiere

und s'tuet der
weh und s'tuet der leid,
wenn's dänn doch mues
krepiere

Doch stots im Früelig wieder uf
i hunderttusig Arte
und du magsch eren
erschte Schnuuf wie immer
chum erwarte

Ludwig Weibel, geboren 1933
Lebt in CH-9200 Gossau/St.Gallen
Studienabschluss als Fernmeldetechniker
Schriftstellerische Berufung zur
„Philosophie des Seins" für vife Geister
Homepage: www.das-sein.ch